A mon Père, à ma Mère.

Amour et Reconnaissance.

—

AUX MANES DE MA SOEUR,

Regrets éternels!

1846

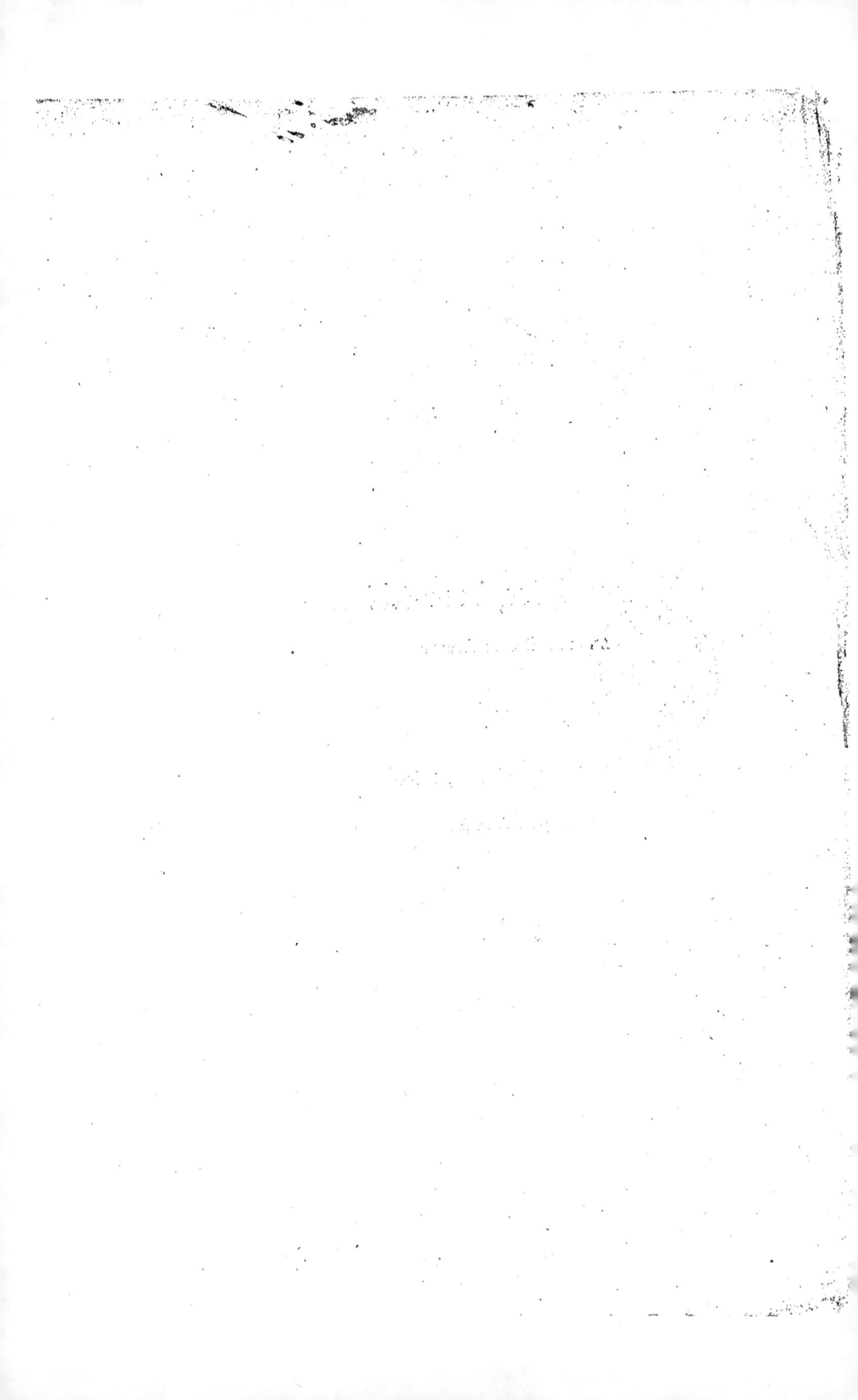

FACULTÉ DE DROIT DE TOULOUSE.

ACTE PUBLIC

POUR LA LICENCE

En exécution de l'art. 4, tit. 2, de la loi du 22 Ventôse an XII,

soutenu par

M. Figaret (Louis-Achille),

NÉ A CETTE (HÉRAULT).

Jus Romanum.

TIT. XIX.

De inutilibus stipulationibus.

(Les 16 premiers paragraphes seulement.)

De inutilibus stipulationibus sermonem facturus , primùm dicere undè hoc nomen venit , utile erit : « Est stipulatio contractûs unilateralis, quo quis ad alterius interrogationem congruè et incontinenti respondendo, ad dandum aliquid , vel faciendum quod alterius interest . obligatur. »

Sed, in stipulatione, vitium irripere potest, vel ratione per-
sonarum intervenientium, vel ratione rerum quæ sunt stipulationis
objectum, vel ratione formæ ipsius contractûs. Verumtamen titu-
lum integrum exponere non mihi incumbit, sed tantùm usque ad
§ 17.

Si quis rem quæ in rerum naturâ non est, aut esse non potest,
dari stipulatus fuerit, inutilis fit stipulatio ; similiter de omnibus
quæ excepta sunt commercio, veluti si quis rem sacram aut reli-
giosam, vel hominem liberum promiserit.

Solo consensu contrahentium valet stipulatio ; sunt qui nullis
personis, alii quibusdam personis, stipulare nequeunt ; sic surdus
et mutus, quia fari non possunt ; furiosus, nam intellectu caret ;
sic pater et filius, dominus et servus, quia istæ personæ pro eâ-
dem personâ habentur. Illâ ratione personæ materiæque dicuntur
impedimenta. Illas inter personas quæ stipulare nequeunt impube-
res sunt ; pupillus infans aut infantiæ proximus neque stipulare,
neque promittere potest ; pupillus autem pubertatis proximus sibi
rectè stipulatur, alios obligat, et non ipse aliis obligatur. Promis-
sor simpliciter respondere debet verbis quæ in stipulatione expressa
sunt ; et censetur stipulatio contrahi, quando, animo stipulandi,
verba, interrogandi, spondendique adhibita fuêre. Si quis aliis da-
turum, vel facturum quid promiserit, non obligabitur, quia de
ipso, non de alio promittere licet. Si conditio impossiblis stipula-
tioni adjecta fuerit, nihil valet ; nam conditione impossibili omnes
vitiantur contractus. Conditio impossibilis habetur cui natura impedimento, veluti si cœlum digito tetigeris dare spondes, vel cùm ipsa
lex est impedimento, ut spondeo tibi quinque nummos si Titium
interfeceris. Quid censes de præposterâ stipulatione ? Olim illa inutilis erat, ut, si navis ex Asiâ cràs venerit, hodiè dare spond es
quia hîc ante eventum concepitur auriturque obligatio ; quod est
præposterum et repugnans naturâ conditionis, ut scilicet suspendat
obligationem donec conditio impleatur. Hodiè similis stipulatio, non

solùm dotibus, sed etiam omnibus rebus valet. Rectè stipulatio con-
cipi potest[i], post mortem alterius quàm promissoris aut stipulatoris:
stipulatio cùm moriar dare spondes, apud veteres utilis erat, et
nunc valet ; illa pridiè quàm moriar, vel quàm morieris dare spondes, illaque post mortem stipulatoris vel promissoris, non valebant,
quia videbatur impossibilis conditio, et alteri facta stipulatio ; hodiè
valent.

Droit Civil.

—

LIV. III, TIT. XX. — DE LA PRESCRIPTION.

(Art. 2242 à 2260.)

Avant de traiter des causes qui interrompent ou qui suspendent la
prescription, il convient de donner une idée de cette matière.

ART. 2219. La prescription est un moyen d'acquérir ou de se libérer
par un certain laps de temps, et sous les conditions déterminées par
la loi.

Nous voyons, d'après cet article, qu'il y a deux espèces de prescriptions. Je n'ai à parler ni des ressemblances ni des différences qui
existent entre elles.

Chez tous les peuples, la prescription a été regardée comme la pro-
tectrice du droit de propriété. Sans elle, les biens flotteraient conti-

nuellement, et l'on ne pourrait jamais en connaître le véritable propriétaire.

Les présomptions que l'on tire de la prescription peuvent bien quelquefois être faussées, mais le cas est rare; car il est bien probable qu'un propriétaire ne laisse pas jouir un tiers de son bien, s'il n'y a à ce sujet quelque convention entre eux.

D'un autre côté, un créancier restera-t-il 30 ans sans poursuivre son débiteur, lorsque depuis ce temps la créance sera exigible, s'il n'a été déjà désintéressé?

D'ailleurs, le propriétaire et le créancier laisseraient-ils écouler le temps de la preecription sans mot dire, qu'il y a moins d'inconvénient à les punir de leur négligence que d'exiger que le possesseur et le débiteur libéré aient éternellement entre leurs mains les titres qui leur ont transmis de tels droits.

Sans considérer les choses qui sont sujettes à la prescription, les personnes capables d'y renoncer et les formalités à remplir, je parlerai seulement des causes qui interrompent ou qui suspendent la prescription, ce que je diviserai en deux sections.

Je dois dire ceci avant de rentrer en matière : L'interruption efface totalement la possession antérieure, qui est considérée comme n'ayant jamais existé ; tandis que la suspension ne fait qu'empêcher la prescription de courir pendant un temps, de sorte que si la cause de la suspension vient à cesser, la prescription reprend son cours, et le temps antérieur vient s'ajouter à celui qui commence à courir et compte pour la prescription.

Section première.

Des causes qui interrompent la prescription.

La prescription peut être interrompue, ou naturellement, ou civilement (2242).

Il y a interruption naturelle lorsque le possesseur est privé pendant plus d'un an de la jouissance de la chose, soit par l'ancien propriétaire, soit par un tiers (2243).

En effet, le dernier possesseur ne se regarderait pas comme dessaisi si l'ancien possesseur ou un tiers n'avaient pas joui de l'objet plus d'un an; car pour avoir le droit d'intenter l'action possessoire (25 C. proc.), il faut plus d'un an d'une possession réunissant les caractères exigés par l'art. 2229. Ainsi, il résulterait que si l'ancien possesseur intentait l'action possessoire avant que l'année de son expulsion fut écoulée, il n'y aurait pas interruption de prescription.

Si, d'un autre côté, ce possesseur laissait passer une année, il ne lui resterait plus pour ressource que le pétitoire, et l'interruption serait civile, de naturelle qu'elle eût été si le trouble eût été causé dans l'année. La proscription, dans ce dernier cas, ne devra courir que du jour de la demande.

L'ancien possesseur ou un tiers, sont les seuls qui peuvent interrompre une prescription. Un événement quelconque dont l'effet ne serait que temporaire, mais qui cependant priverait le possesseur de la jouissance pendant plus d'un an, ne mettrait aucun obstacle à la prescription; car il faut, pour acquérir la possession, que la volonté soit jointe au fait.

Tous les moyens sont bons pour interrompre la possession, la violence n'est même pas prohibée.

L'interruption naturelle ne se rapporte qu'à la prescription à l'effet d'acquérir.

Une différence essentielle qui existe entre l'interruption naturelle et l'interruption civile; c'est que la première profite à tous ceux qui y ont un intérêt, tandis que la seconde ne profite qu'à celui qui a agi ou à ses ayant cause.

Il y a interruption de prescription, quoiqu'il ne se soit pas écoulé une année, lorsqu'il est bien reconnu que le possesseur a abandonné sa jouissance volontairement. L'interruption existerait toujours, lors même que le possesseur voudrait ensuite reprendre son bien, encore que personne ne s'en fût emparée; parce que cet abandon avait été fait *corpore et animo.*

Il y a interruption civile lorsqu'elle a lieu par des actes, déterminés par la loi, qu'on emploie contre le possesseur.

Ces actes sont : une citation en justice, donnée même devant un juge incompétent, un commandement, une saisie signifiée (2248), une citation en conciliation, pourvu qu'elle soit suivie d'une assignation en justice dans les délais de droit (2245), la reconnaissance de la dette ou du droit rival par le débiteur ou le possesseur (2248).

Il convient d'expliquer à part chacun de ces actes.

Il faut pour interrompre la prescription, des actes émanés de la justice, ou qui servent à traduire en justice. Un acte extrajudiciaire ne suffirait pas.

La citation en justice interrompt la prescription à dater de la remise de l'exploit, lors même qu'elle serait donnée devant un juge incompétent, car dès ce moment il y a eu trouble.

Il y a quatre cas prévus par l'art. 2247, qui mettent obstacle à ce que la citation en justice interrompe la prescription :

1° Si l'assignation est nulle par défaut de forme; car alors on ne peut pas regarder cet acte comme ayant existé, dès l'instant qu'il manque quelqu'une des parties qui servent à le constituer.

2° Si le demandeur se désiste de sa demande ;

3° S'il laisse périmer l'instance ; en effet, ces deux actes annulent complétement la citation.

4° Si la demande est rejetée ; dans ce cas, non-seulement la citation est regardée comme non avenue, mais encore il y a entre les parties et leurs héritiers autorité de la chose jugée.

Continuons l'examen de l'art. 2244. Après ces mots : Une citation en justice, viennent ceux-ci : un commandement ou une saisie, etc. Ces deux moyens d'interruption sont particuliers à l'effet de se libérer.

Le commandement est un acte qui prolonge l'action du créancier en faisant recommencer la prescription qui doit être de la même nature que celle qui courait avant le commandement.

Ce n'est que de la saisie-arrêt dont doit vouloir parler l'art. 2244, car les autres étant précédées d'un commandement, l'interruption est causée par lui et non par la saisie. Et encore pour ce qui est de la saisie arrêt, l'interruption est emmenée par la signification. En effet, la prescription ne peut être interrompue que par l'acte qui apprend au possesseur que le propriétaire réclame ses droits.

Vient ensuite la citation en conciliation pourvu qu'elle soit suivie d'une assignation en justice dans les délais de droit (2245).

Cette citation interrompt la prescription à compter du jour où aurait dû comparaître l'assigné devant le juge de paix ; ou bien s'il a comparu, du jour où le procès-verbal de non conciliation a été rédigé. (57 c. pr.)

Si les parties comparaissent volontairement devant le juge de paix, pourvu que cette comparution soit suivie d'une assignation en justice dans le mois, il y aura interruption de prescription.

Il y aura aussi interruption lorsqu'on aura donné une citation en conciliation, dans une affaire qui en était dispensée, si toutefois cette affaire est susceptible de conciliation ; *secùs*, dans le cas contraire (Delv.)

Lorsqu'en conciliation a eu lieu un compromis portant nomination d'arbitres ; la prescription est interrompue lorsqu'il a été donné une assignation pour comparaître devant les arbitres, ou bien encore lorsque les parties se sont rendues volontairement.

Le dernier mode d'interruption dont j'ai à m'occuper, c'est celui que prescrit l'article 2248, ainsi conçu : La prescription est interrompue par la reconnaissance que le débiteur ou le possesseur fait du droit de celui contre lequel il prescrivait.

Cette reconnaissance peut se faire expressément ou tacitement, il suffit qu'elle soit bien constatée, car alors le possesseur ne peut plus prescrire, dès l'instant qu'il ne jouit pas *animo domini*.

2

La reconnaissance expresse de la dette constitue un titre nouveau, et ouvre une prescription trentenaire ; la reconnaissance tacite interrompt seulement la prescription, et lorsqu'elle revient courir, elle est prescriptible par le même temps qui lui suffisait avant l'interruption.

La reconnaissance verbale sans preuve testimoniale, si elle est déniée ne produit aucun effet.

En général, l'interruption ne profite qu'à celui en faveur de qui la dette a été reconnue ou qui a fait l'interpellation judiciaire, et elle ne peut nuire qu'à celui qui a donné la reconnaissance ou qui a été régulièrement interpellé ; cependant l'art. 2249 nous offre certaines exceptions.

Lorsque les débiteurs sont solidaires les uns des autres, c'est-à-dire quand ils sont chacun responsables de toute la dette, il est clair que l'interruption contre l'un empêche la prescription de courir contre l'autre.

Aussi, l'interpellation faite par l'un des créanciers solidaires, profite à tous ; comme la dette reconnue par l'un des débiteurs est censée l'être par tous les autres, même par les héritiers.

Chaque héritier d'un débiteur solidaire ne doit de la dette qu'une portion égale à la part qui lui est échue ; il ne peut, non plus, être poursuivi que pour cette portion. Cela bien reconnu, si on forme une demande contre un de ces héritiers, la prescription ne s'interrompt qu'à son égard et non à l'égard des autres à moins que l'obligation soit indivisible. A ce sujet, je citerai l'art. 1219, qui dit que la solidarité stipulée ne donne point à l'obligation le caractère d'indivisibilité.

Le créancier peut attaquer indistinctement un de ces débiteurs solidaires ou tous, si bon lui semble, pour le payement de la dette entière ; mais aussitôt que l'un a payé, tous les autres sont libérés à l'égard de ce créancier.

Pour interrompre la prescription, pour le tout, à l'égard des autres co-débiteurs, il faut l'interpellation faite à tous les héritiers du débiteur décédé ou la reconnaissance de tous ces héritiers (2249 *in fine)*, car ceux-ci ne sont responsables que d'une partie de la somme due par la personne décédée.

L'examen de l'article 2249 terminé , il ne reste plus qu'à dire quelques mots relatifs à un débiteur principal et à sa caution.

L'interpellation faite au débiteur principal ou sa reconnaissance interrompt la prescription contre la caution (2250). Et cela , parce qu'il est de principe , que le principal entraine l'accessoire avec lui.

Si c'est la caution qui reconnaît la dette , la prescription s'interrompt. tant à son égard qu'à l'égard du débiteur principal, pourvu que le cautionnement ait eu lieu , au vu et au su du débiteur , ou dans l'acte même.

Dans le cas contraire , c'est-à-dire si le débiteur n'a pas connaissance du cautionnement ; la prescription n'est interrompue ni contre le débiteur, ni contre même la cau   ou

Il peut arriver que le débiteur principal reconnaisse la dette , après avoir acquis la prescription ; alors la caution n'est pas du tout liée par cette reconnaissance.

Si c'était la caution qui , dans les mêmes conditions , reconnut la dette, la prescription ne serait pas pour cela interrompue à l'égard du débiteur principal.

Section II.

Des causes qui suspendent le cours de la prescription.

Nous allons ici.passer en revue les causes qui empêchent momentanément la prescription de continuer son cours.

La prescription ne s'éteint pas complétement comme par l'interruption , elle ne fait que dormir pour s'éveiller , lorsque la cause qui la suspendait a cessé (*Dormit sed non perit.*) Alors, le temps antérieur à la suspension s'ajoute à celui qui commence à courir, et compte pour la prescription.

En principe, la prescription court contre toutes les personnes (2251); l'Etat, les communes, et les absents n'en sont même pas à l'abri.

Il y a cependant quelques exceptions en faveur du créancier qui, à raison d'un empêchement légal ou conventionnel, se trouve dans l'impossibilité d'user de ce droit.

Quiconque ne peut agir, doit aussi être affranchi de la prescription, car un silence forcé ne doit pas être regardé comme un consentement tacite.

On ne veut parler que des empêchements dictés par la loi. Voyons quelles sont les personnes qu'elle a mis sous sa protection.

La prescription ne court point entre époux (2253); peu importe le régime sous lequel ils sont mariés.

Ce serait là une cause de trouble dans le ménage, s'il en était autrement. Et d'ailleurs, le but du législateur serait manqué, car il s'est plu à éloigner tout ce qui pouvait être cause de discorde entre les époux.

La loi ne distinguant pas, nous n'avons pas le droit de le faire ; aussi admettons-nous que la prescription ne court pas même entre deux époux séparés de corps ; et puis la femme, n'étant pas en pouvoir d'agir, ne peut être soumise à la prescription.

La prescription ne court pas non plus contre les mineurs et les interdits. Le mineur émancipé se range quelquefois avec ceux-ci, s'il est victime d'une prescription.

Si nous considérons la prescription comme un moyen d'acquérir elle ne peut pas courir contre les mineurs ou les interdits, car ceux-ci ne peuvent aliéner. On ne pourrait pas non plus prescrire contre ceux-ci un droit qu'ils n'avaient pas eux-mêmes le pouvoir d'exercer. Ils auraient bien leur recours contre leurs tuteurs ; mais ceux-ci seraient-ils solvables ? C'est une chance à courir ; et de plus, les tu-

teurs ne sont responsables que de leur faute et non de leur er-
reur. Il faut encore voir que cette prescription pouvait courir à leur
insu.

Il n'y a que les prescriptions de longue durée qui ne courent pas
contre les mineurs et les interdits; sans quoi ils sont exposés aux
autres ; sauf leurs recours contre les tuteurs (2278.)

Il faut bien se garder de mettre au même rang que les mineurs, les
prodigues et les absents, car ni les uns ni les autres, ne sont frappés
par la loi d'aucune incapacité.

Si l'objet sujet à la prescription est indivisible , et qu'il appar-
tienne à des majeurs et à des mineurs, ces derniers empêchent
que la prescription coure contre tous. Il n'en est pas de même si
l'objet est divisible.

La prescription ne court pas contre l'héritier bénéficiaire à l'égard
des créances qu'il a contre la succession (2258—1°). En effet, l'héritier bénéficiaire étant saisi des biens de 'a succession, serait obligé
de sanctionner lui-même ce qui est impossible ; quoique cela paraisse contraire à l'art. 996, Cod. Proc., qui veut que l'héritier bénéficiaire intente son action contre le curateur au bénéfice d'inventaire. La prescription ne court pas aussi contre la succession en
faveur de l'héritier bénéficiaire.

La prescription court contre une succession vacante 2258—2°);
car alors la succession est regardée comme la personne même du
défunt. Mais aussi la prescription court au profit de cette succession.

La prescription court pendant les trois mois pour faire inventaire et les quarante jours pour délibérer; car, pendant ce temps,
on peut faire des actes conservatoires.

Voici une règle qui va offrir des difficultés : La prescription court
contre la femme mariée encore qu'elle ne soit point séparée par
contrat de mariage ou en justice, à l'égard des biens dont le mari
a l'administration, sauf son recours contre le mari (2254). A plu:

forte raison court-elle contre les biens dont la femme a l'administration.

La femme mariée n'a pas été assimilée au mineur, parceque celle-ci peut, au refus du mari d'agir, avoir recours à la justice qui l'autorisera à faire des actes conservatoires. D'ailleurs, elle a recours contre son mari s'il y a faute de sa part. Les tribunaux seuls peuvent le décider.

Nous avons à voir les exceptions à l'art. 2254, marqués dans les art. 2255, 2256.

La prescription ne court pas, pendant le mariage, à l'égard de l'aliénation d'un fonds constitué selon le régime dotal; conformément à l'art. 1561, au titre du contrat de mariage, et des droits respectifs des époux (2255).

Les immeubles dotaux, non déclarés aliénables par le contrat de mariage, sont imprescriptibles pendant le mariage, à moins que la prescription nait commencé auparavant. Ils deviennent néanmoins prescriptibles après la séparation des biens, quelle que soit l'époque à laquelle la prescription a commencé (1561).

Le but du législateur a été de protéger la femme, en défendant l'inaliénabilité de sa dot, lorsqu'elle n'avait pas été déclarée aliénable. Et nous voyons en suivant ces deux articles que si la femme devient maîtresse de sa dot par la séparation de biens, pouvant alors agir par elle-même, elle sera sous le poids de la prescription.

La prescription qui aurait commencé avant le mariage sur les biens constitués en dot, continuerait pendant le mariage. L'art. 2255, ne veut parler que des immeubles objets immobilisés. Il n'est pas du tout question des créances qui peuvent être comprises dans la dot.

Passons à l'art. 2256. La prescription est pareillement suspendue pendant le mariage; 1° Dans le cas où l'action de la femme ne pourrait être exercée qu'après une option à faire sur l'acceptation ou la renonciation de la communauté.

Pour faire courir la prescription contre une femme, il faut qu'elle ait qualité d'agir.

Le législateur, toujours ennemi du désordre dans les ménages, n'a pas voulu qué la femme put attaquer le mari pour les aliénations que celui-ci aurait fait des biens appartenant à elle seule. Aussi a-t-on suspendu la prescription : dans le cas où le mari ayant vendu le bien propre de la femme sans son consentement, est garant de la vente, et dans tous les autres cas où l'action de la femme réfléchirait contre le mari (2256-2°).

La prescription à l'effet de se libérer, ne peut exister que lorsque le créancier peut agir. L'art. 2257 prévoit les cas où il ne peut le faire.

La prescriptiou ne court point à l'égard d'une créance qui dépend d'une condition , jusqu'à ce que la condition arrive (2257-1°).

La condition n'étant pas effectuée, la créance n'existe ni pour le créancier, ni pour le débiteur, alors la suspension doit avoir lieu , mais pour eux seulement, car ils sont les seuls soumis à la condition.

Il n'y a que la condition suspensive qui puisse mettre obstacle à la prescription (2257-2° et 3°), à l'égard d'une action en garantie , jusqu'à ce que l'éviction ait lieu ; à l'égard d'une créance à jour fixe, jusqu'à ce que jour soit arrivé.

Lorsqu'il s'agit d'un immeuble , c'est du jour de l'éviction que court la prescription ; si c'est une créance exigible, c'est à compter de la cession.

En un mot , la prescription ne peut commencer à courir qu'après l'ouverture des droits de celui à qui les biens doivent être restitués.

Code de Procédure civile.

—

LIV. II. — TIT. IX. — Des Exceptions.

§ 2. *Des Renvois.* — § 3. *Des Nullités.*

Le Code de procédure, après avoir examiné les instances qui se commencent et se terminent sans entrave aucune , traite dans quelques titres des incidents qui retardent le jugement, et qui par conséquent nécessitent de nouvelles règles dans la manière de conduire l'affaire.

Je n'ai à m'occuper que d'une partie de ces incidents qui se divisent en quatre grandes classes. Je ne parlerai que de ceux qui sont relatifs aux exceptions que peut opposer le défendeur dans l'instance.

Des Exceptions.

Les Romains entendaient par exceptions certaines restrictions du droit rigoureux, qui étaient dictées par des considérations d'équité. C'était une conséquence naturelle de la division des pouvoirs entre le préteur et le judex.

En procédure civile, on entend par exceptions les divers moyens qu'emploie le défendeur pour se dispenser de répondre immédiatement à la demande qui lui est faite.

Malgré que les art. 160 et 161 C. proc. aient paru confondre les exceptions avec les défenses, il existe une grande différence.

L'exception ne fait que retarder la décision définitive de l'affaire, sans l'examiner au fond, tandis que la défense tend à repousser la demande au fond.

Sans examiner les divisions admises par les anciens auteurs, nous admettrons celles que trace le Code ; savoir :

La caution à fournir par les étrangers.

Les renvois ou déclinatoires.

Les nullités.

Les exceptions dilatoires.

La communication des pièces.

Je n'ai qu'à examiner les trois premières exceptions, et pour cela faire, je suivrai le plan tracé par mon professeur de procédure.

CHAPITRE PREMIER.

De la Caution à fournir par les étrangers.

Avec M. Rodière, je diviserai ce chapitre ainsi qu'il suit :

Dans quel cas l'étranger est obligé de fournir caution.

Par qui la caution peut être demandée.

Quel est l'objet de la caution, et comment elle peut être remplacée.

§ I. Dans quel cas l'étranger est obligé de fournir caution.

Art. 166. Tous étrangers, demandeurs, principaux ou intervenants seront tenus, si le défendeur le requiert, avant toute exception, de

3

fournir caution, de payer les frais et dommages-intérêts auxquels ils pourraient être condamnés.

C'est dans l'intérêt des Français exclusivement qu'a été fait cet article, pour qu'ils ne fussent pas dupes des étrangers ; car il eût été bien facile à ces derniers de se soustraire au paiement des frais, en s'en retournant dans leur pays.

Cette caution était rendue à l'étranger demandeur s'il venait à gagner son procès, dans le cas contraire elle servait à couvrir les frais exposés et les dommages-intérêts. Il fallait prendre cette précaution pour que l'art. 130 C. pro. ne fut pas violé.

Cette règle est toute de droit civil. Elle fléchit si l'étranger appartient à une nation chez laquelle le Français, en vertu des traités, peut plaider sans caution. Sans quoi la fortune ou les dignités de l'étranger dans son pays, ne le dispensent pas de cette rigueur.

L'étranger est dispensé de fournir caution, si la matière est commerciale.

Il en est encore dispensé s'il se trouve dans le cas de l'article 13, C. civil.

Il peut encore ne pas fournir caution si son adversaire se reconnaît débiteur envers lui d'une somme susceptible de couvrir les frais.

Ce n'est que demandeur que l'étranger doit la caution ; seulement il faut savoir distinguer quand il l'est ou qu'il ne l'est pas.

En effet, l'étranger qui fait opposition à un jugement de défaut contre lui, est exempt de la caution, car cette opposition doit être regardée comme une défense à la demande primitive. L'art. 454 C. pro. regarde aussi les demandes reconventionnelles comme des défenses et dispense de la caution l'étranger qui les forme.

§ II. Par qui la caution peut être demandée.

Cette caution est exigée par le français qui est actionné par un étranger. Elle peut l'être aussi par un étranger jouissant des droits civils en France, lorsqu'il a un étranger pour demandeur.

Si deux étrangers sont en litige en France pour la revendication de quelques immeubles : le défendeur n'aura pas le droit d'exiger la caution. Quelques auteurs ne partagent pas cette opinion ; cependant nous nous fondons pour les contredire sur l'art. 166 C. pro. qui est dicté dans l'intérêt des Français et qu'on ne peut pas se permettre d'étendre, car c'est une règle qui n'est pas dictée par le droit naturel , mais seulement par le droit civil.

Il ne faut pas confondre cette caution avec celle des Romains qui portait le nom de *caution judicatum solvi.*

En droit romain, elle était exigée du défendeur ; en droit civil, c'est au contraire lui qui l'exige du demandeur étranger.

Cette caution ne doit être fournie que sur la demande du défendeur qui peut ne pas l'exiger, car en ne la faisant pas donner il ne blesse en rien le droit public ; il lui est bien permis de renoncer à un droit qui ne le touche que lui seul. Souvent le défendeur a confiance en la probité de l'étranger.

§ III. Quel est l'objet de la caution, et comment elle peut être remplacée.

L'objet de la caution, d'après l'art. 166 C. pro. , est de payer les frais et les dommages-intérêts auxquels l'étranger peut être condamné.

Si pendant que l'affaire est en marche, on s'aperçoit que la caution ne sera pas suffisante, le défendeur qui a usé de son droit à l'époque voulue, peut demander un supplément.

Consultons maintenant l'art. 167 C. pro. qui va nous indiquer les moyens à employer pour fournir cette caution.

Art. 167. Le jugement qui ordonnera la caution fixera la somme jusqu'à concurrence de laquelle elle sera fournie ; le demandeur qui consignera cette somme ou qui justifiera que ses immeubles situés en France sont suffisants pour en répoudre, sera dispensé de fournir caution.

La caution doit donc être fixée aussi approximativement que possible par le tribunal : pour arriver à ce jugement, on suivra les art. 17 et suiv. du c. pr. Il faut en outre que la caution présentée, offre toutes les garanties exigées par les art. 2018, 2019, 2020. C. C. pour que le tribunal puisse l'admettre.

L'Etranger sera dispensé par le tribunal de fournir une caution, s'il posséde en France des immeubles, capables de répondre. Ce sera d'autant plus une bonne garantie que nous donnons au défendeur pouvoir de prendre hypothèque.

L'étranger peut satisfaire à l'exigence de la loi en déposant, en consignant une somme fixée par le tribunal.

CHAPITRE II.

Des Renvois.

Pour ne pas confondre ces renvois avec les renvois proprement dits, nous les désignerons par le mot de *déclinatoires*, qui leur convient mieux.

Il y a déclinatoire lorsque le tribunal se dessaisit d'une affaire sans désigner le tribunal qui doit en connaître ; tandis que pour les renvois proprement dits, les juges envoient les parties devant un tribunal qu'ils désignent.

D'après le plan que je me suis engagé à suivre, j'examinerai les causes de déclinatoire, ainsi je parlerai :

De l'exception d'incompétence.

De l'exception de litispendance et connexité.

Je terminerai enfin par la manière dont ces exceptions doivent être jugées.

§ 1. De l'Exception d'incompétence.

Si le demandeur assigne son adversaire devant un tribunal d'une juridiction différente que celui qui doit en connaître, il y a incompétence *ratione materiæ* . Il peut arriver que le demandeur soit bien fixé sur la juridiction qu'il doit suivre, il peut encore se tromper sur ceux des juges de cette juridiction qu'il doit saisir, alors il y a incompétence *ratione personnæ*.

Une fois cette différence bien établie, on comprendra facilement les art. 169,170 C. pro.

D'après ce dernier article, nous voyons que l'incompétence *ratione materiæ* peut être demandée en tout état de cause ; car cette incompétence intéresse l'ordre public, aussi elle peut être opposée par le demandeur comme par le defendeur. Les juges même doivent renvoyer les parties d'office , si elles ont gardé le silence sur une telle incompétence.

Ce renvoi, d'après l'art. 170 C. pro. peut être demandé devant les juges d'appel et même devant la cour de cassation, car il ne peut pas dépendre d'un consentement formel ou tacite de certaines personnes pour renverser l'ordre des juridictions.

Quant à l'incompétence *ratione personnæ*, l'art. 169. C. pro. veut qu'elle soit proposée avant tout autre exception ; autrement ensuite elle est couverte. Cela vient de ce que cette incompétence ne blesse en rien l'ordre public.

Les juges même se prévalant de cette dernière incompétence, ne peuvent pas renvoyer d'office les parties ; plusieurs auteurs ne partagent cependant pas cette opinion.

En effet les juges doivent tous leurs moments à ceux qui viennent devant eux ; s'ils sont surchargés de travail, le gouvernement a le droit de nommer des chambres temporaires. Et d'ailleurs si l'art. 7. C. pro. refuse au juge de paix le droit de renvoyer les parties pour cause d'incompétence *ratione personnæ*, je ne vois pas pourquoi les juges des tribunaux civils mieux rétribués, refuseraient en ce cas de rendre justice.

§ 11. *De la Litispendance et de la Connexité.*

Art. 171. s'il a été formé précédemment en un autre tribunal une demande pour le même objet, ou si la contestation est connexe à une

cause déjà pendante en un autre tribunal, le renvoi pourra être de
mandé et ordonné.

Il y a litispendance lorsque la demande portée devant un tribunal
est déjà pendante devant un autre, avec les conditions voulues par
l'art. 1351. C. C. On doit éviter autant que possible d'avoir deux décisions contraires pour la même cause ; aussi a-t-on permis au défendeur assigné devant les derniers juges, de demander le renvoi.

Il y a connexité lorsqu'un procès s'élevant devant un tribunal est
subordonné à la décision d'un précédemment engagé devant d'autres
juges. C'est aux tribunaux à examiner s'il y a oui ou non connexité.

Le renvoi pour cause de connexité doit être demandé devant le tribunal dont la décision doit être l'accessoire d'un autre. La litispendance au contraire doit toujours être opposée devant le dernier tribunal saisi.

Les juges ne peuvent pas d'office prononcer le renvoi, en se fondant
sur ces exceptions.

Pour qu'il y ait litispendance ou connexité, il faut que les affaires
soient engagées en France.

§ 5. — *De quelle manière les demandes en renvoi doivent être instruites et*
jugées.

L'art. 172 C. Pr., dit que les demandes en renvoi doivent être jugées *sommairement*. Que devons-nous entendre par ce dernier mot, si
ce n'est que le législateur a voulu que les juges expédiassent prompte-
ment les incidents qui présentaient quelque urgence de célérité.

En effet, ces demandes en renvoi n'ont rien de commun avec la
procédure sommaire, au contraire. D'abord ces exceptions ne sont
point comprises dans l'énumération des matières sommaires faites par
l'art. 404 C. Pr. Et de plus, nous croyons que l'art. 75 du tarif alloue
un droit de requête pour ce genre d'exception.

Les déclinatoires sont donc des matières ordinaires, mais le juge
doit éviter tout ce qui retarderait le jugement définitif.

On doit statuer sur le renvoi avant de passer au fond de l'affaire. La loi est formelle : « Sans qu'elle puisse être réservée ou jointe au principal. »

Le jugement qui statue sur le renvoi doit précéder le jugement du fond de huit jours au moins, car il est sujet à l'appel, ainsi le veut l'art. 454 C. Pr.

Les tribunaux de commerce violent la règle tracée dans l'art. 172 ; car ceux-ci peuvent par un même jugement statuer sur le déclinatoire et sur le fond, pourvu cependant qu'il y ait deux disposition distinctes dans le jugement. (425 C. Pr.)

Il ne faut pas autant que possible, par d'autres exceptions, ébranler la disposition de l'art. 172 C. Pr.

CHAPITRE III.

Des nullités.

Art. 173 C. Pr, Toute nullité d'exploit ou d'acte de procédure est couverte, si elle n'est proposée avant toute défense ou exception autre que les exceptions d'incompétence.

La restriction de cet article aux exploits et actes de procédure doit être soigneusement observée. Ainsi, le défaut de qualité du demandeur peut être opposé en tout état de cause ; ce qui arrive lorsque le demandeur est sans qualité pour actionner, ou bien encore, lorsque sa qualité est subordonnée à quelque condition qui n'a pas été remplie.

Ce n'est que des qualités intrinsèques de l'acte dont veut parler l'article.

Ces exceptions peuvent s'appliquer aux procédures d'exécution, comme aux procédures qui précèdent le jugement.

Les juges ne peuvent pas prononcer d'office la nullité, il leur est seulement permis de refuser d'octroyer le défaut, si on a donné l'ajournement à un trop court délai, jusqu'à ce que le temps voulu soit expiré.

Nous pensons qu'on peut statuer par un même jugement sur le défaut et sur le fond ; car le code ne le défend pas.

CHAPITRE IV.

Ordre dans lequel ces trois exceptions doivent être proposées.

Comme nous voyons que l'art. 166 veut que l'exception relative à la caution soit proposée avant les autres; que d'un autre côté, l'art. 169 exige la même préférence pour les renvois; et qu'enfin nous lisons dans l'art. 173, que les nullités d'exploit ou d'acte de procédure doivent être proposées les premières; nous ne savons comment classer ces exceptions.

Malgré toutes les raisons qu'on ait pu donner pour avoir de la préférence pour les unes au détriment des autres; je crois qu'on peut indistinctement proposer celle des trois qu'il convient à chacun, sans avoir une préférence marquée. Le mieux est cependant, pour éviter des difficultés de les présenter en même temps.

Droit Commercial.

DES LIVRES DE COMMERCE.

Quiconque fait habituellement des actes de commerce est déclare commerçant par le code.

Certaines conditions lui sont alors imposées, ce sont : la tenue des livres, la publication des conventions matrimoniales, la patente.

Je ne dois parler que de la tenue des livres, qui est une garantie tant pour le commerçant que pour les tiers. Cette obligation est exigée afin qu'ils soient fixés sur la situation de leurs affaires.

Dès le principe, dès que les relations entre les hommes étaient moins fréquentes, que le commerce n'avait reçu aucune extention; un pareil besoin ne s'était pas fait sentir, mais plus tard, lorsque chacun eût brisé les liens qui le retenait au sol natal, franchi les mers , transporté dans des pays éloignés les produits de chez lui, il eut alors été impossible aux hommes de classer dans leurs esprits les diverses opérations commerciales qu'ils fesaient. La rapidité avec laquelle ils agissaient ne leur permettait plus de pouvoir s'en rendre compte.

Alors se fit sentir le besoin de consigner par écrit les opérations. Les commerçants avaient cependant pris l'habitude de tenir des livres avant même que la loi humaine ne leur en eût fait un devoir.

Sans suivre Savary qui énumère longuement ceux qu'il convient de tenir dans chaque maison de commerce , suivant son importance : nous ne parlerons que de ceux dont l'intérêt judiciaire commande la tenue. Ce sont : le livre-journal , le livre des inventaires et le livre copie des lettres.

Les deux premiers ont paru mériter plus de sollicitude de la part du législateur que le troisième. C'est ce que nous trouvons consigné dans les art. 8 et 9, C. Com.

Le livre-journal. — Son nom lui vient de ce qu'il se tient jour par jour. C'est celui dans lequel le commerçant fait mention de toutes ses opérations, non seulement commerciales mais encore civiles. En un mot , il doit y relater tout ce qui influe sur l'actif ou le passif de sa fortune· L'art. 8, C. Com. nous éclaire suffisamment sur ce que doit contenir ce livre.

Le commerçant n'est tenu pour les dépenses de sa maison que de les noter une fois chaque mois, et encore en bloc.

Le livre des inventaires. — Chaque commerçant doit avoir ce livre pour y rapporter l'inventaire qu'il est obligé de faire chaque année, de tous ses biens meubles ou immeubles et de ses dettes actives et passives. C'est lui-même qui doit faire cet inventaire et non un officier public. (Voy. art. 9, C. Com.)

En forçant le négociant à agir de la sorte, le but du législateur a été de le mettre en mesure chaque année d'apprécier le résultat de ses opérations. Alors il n'a qu'à comparer ses bénéfices et ses pertes pour savoir de la manière dont il doit opérer par la suite; et d'un autre côté cela

4

sert à la justice pour se prononcer sur la bonne ou mauvaise gestion de ses affaires.

Le livre de copies des lettres. — C'est celui dans lequel le commerçant est obligé de reproduire les lettres qu'il envoie à ceux qui sont en relations d'affaires avec lui. Ce livre lui fournit le moyen de rapprocher les lettres qu'il a écrites de celles qu'il a reçues, car il lui est aussi prescrit de conserver celles-ci. Les négociants peuvent par ce moyen agir entr'eux à armes égales.

Les livres seront tenus, dit l'art. 10, C. Com., par ordre de dates, sans blancs, lacunes ni transport en marge ; cela pour éviter que la moindre fraude put se glisser dans ces régistres, qui étaient exposés chaque jour à servir de preuve. Si nous suivons l'art. 11. C. Com. nous voyons que le législateur a cherché à donner le plus de véracité aux livres, en imposant de pareilles obligations.

Les livres dont la tenue est ordonnée par les art. 8 et 9, C. Com. (c'est-à-dire le livre-journal et le livres inventaires) seront côtés, paraphés et visés soit par un juge du tribunal de commerce, soit par le maire ou un adjoint, dans la forme ordinaire et sans frais. Les commerçants seront tenus de conserver ces livres pendant 10 ans, (11 C. Com.)

Avec de pareilles précautions, on peut d'après les livres être bien fixé sur l'état de fortune d'un négociant.

Le législateur n'a pas tant apporté de sollicitude au livre copie des lettres.

On peut bien ajouter un quatrième livre qui est, je crois, dans toutes les maisons de commerce. La manière dont il est tenu, nous aide à voir d'un seul coup-d'œil la position du négociant. C'est du grand livre dont je veux parler ; ce n'est rien autre que la reproduction du livre journal, mais tenu d'une manière différente.

Pour plus d'exactitude, quoique la loi ne l'ordonne pas, il est bon de conserver les factures, tous les billets, mandats et lettres de change. Ce sont là certainement des pièces capables de donner plus de poids aux livres.

Aussi voit-on que les art. 586 et 587, C. com., s'occupent d'une manière toute spéciale des livres, et veulent non-seulement qu'on les présente au jour du malheur, mais encore qu'on ne puisse découvrir dans la tenue rien qui puisse charger le négociant.

En effet, ceux qui ayant failli viennent heurter contre ces articles sont regardés comme banqueroutiers simples et punis ainsi que l'exige l'art. 402, C. pén. *in fine.*

Dans une société, que faudrait-il décider si le gérant n'avait pas tenu les livres en règle? Serait-il seul responsable de cette faute? Il faut faire ici une distinction entre les associés responsables personnellement et ceux qui ne le sont que pécuniairement. Dans le premier cas ceux-ci ont à se reprocher d'avoir eu trop de confiance dans le gérant qu'ils avaient le droit de surveiller; tandis que les associés responsables pécuniairement seulement, ne peuvent pas être poursuivis personnellement, car leur personne n'est en rien dans la société. Tels sont ceux qui composent une société anonyme ou les commanditaires d'une société en commandite.

Si dans une faillite, les livres de commerce ont disparu, il est à supposer qu'il y a de la friponnerie, dans la manière dont ils ont été tenus. Aussi regarderons-nous comme banqueroutier frauduleux et condamnerons-nous comme tel, celui qui aura soustrait ses livres de commerce.

L'autorité des livres est absolue contre celui qui les a tenus; mais celui qui en veut tirer avantage ne peut les diviser en ce qu'ils contiennent de contraire à sa prétention. (1330 C. civil.)

En principe, personne ne peut se faire un titre à soi-même. Il se présente cependant un cas où les livres des commerçants peuvent servir en leur faveur. C'est lorsqu'il acquiesce au serment supplétoire qui lui est déféré par le juge (1329 C. civil.) La bonne réputation du négociant peut être une cause de présomption de vérité, pour le cas où il présente des livres.

Art. 14 C. com. La communication des livres et inventaires ne peut être ordonnée en justice que dans les affaires de succession, communauté, partage de société, en cas de faillite.

Art. 15 C. com. Dans le cours d'une contestation, la représentation des livres peut être ordonnée par le juge même d'office, à l'effet d'en extraire ce qui concerne le différend.

En effet, les livres de commerce n'étant pas publics et appartenant exclusivement au négociant, ne doivent être produits que dans des circonstances qui touchent ce négociant.

S'agirait-il d'une affaire civile, pourvu qu'elle fut entre deux négociants, et que les livres pussent être de quelque secours, qu'on pourrait les présenter.

Si le cas prévu par l'art. 14 C. com. se présente, le juge ordonnera la communication des livres, parce qu'il importe pour prendre des renseignements de quelque valeur, de compulser toutes les écritures. Si celui qui requiert la représentation s'engage à regarder comme valables les livres de son adversaire, et que ce dernier ne veuille les montrer, le tribunal pourra alors déférer le serment à celui-ci, car il est probable que si la partie adverse refuse de montrer les livres, il doit s'y trouver quelque chose de contraire à ses intérêts. Et cette présomption jointe au serment devient à fort peu de chose près une certitude en faveur de celui qui avait demandé la représentation des livres.

Voici ce qui peut arriver : Des livres présentés par deux parties, quoique régulièrement tenus se contredisent. Que doit faire le juge, si ce n'est qu'il doit chercher d'autres preuves, parce qu'il n'est pas forcé à se rapporter aux uns plutôt qu'aux autres de ces livres.

Si les livres se trouvent dans un autre lieu que celui où siége le tribunal ; le juge nommera une commission rogatoire pour vérifier les livres dont le contenu doit servir de preuve dans l'affaire engagée. (16 C. com.)

Ce même article désigne même les personnes qu'on peut charger de vérifier les livres, et qui doivent dresser un procès-verbal du contenu et l'envoyer au tribunal saisi de l'affaire.

Droit Administratif.

Des constitutions d'avocat; des défenses; de la communication au ministère
public; des délibérés et instructions par écrit.

Constitutions d'avocat et défenses.

Devant les tribunaux du premier degré, il n'y a pas de constitution
d'avocats. Leur organe n'est entendu ni devant les préfets, ni en conseil de préfecture, ni devant les ministres. Il n'y a qu'à Paris où quelquefois, dans les affaires importantes, les avocats au conseil du roi et
à la cour de cassation, sont appelés à défendre devant le conseil de
préfecture.

C'est seulement devant le conseil d'état qu'a lieu la constitution
d'avocats; ils remplissent aussi les fonctions d'avoués, on les regarde
comme officiers ministériels; leur signature donne à l'acte qui en est
revêtu, le caractère d'authenticité. C'est à ces avocats qu'appartient le
droit exclusif de faire tous les actes d'instruction et de procédure. (22
Juillet 1806, art. 44).

D'après l'art. 49, si les avocats contreviennent aux réglements auxquels ils sont soumis, s'ils présentent comme contentieuses des affaires
qui ne le sont pas, s'ils portent devant le conseil d'état des affaires qui
ne seraient pas de sa compétence; ils sont passibles en premier lieu de
l'amende, et pour récidive ils peuvent être suspendus.

Quoique cela paraisse sévère, plusieurs cas se sont déjà présentés;
et de plus le code de procédure civile établit la même règle pour ce
qui est des avoués.

Les avocats doivent apposer leur signature sur les demandes, mémoires, défenses et productions des parties. Et cette signature au pied
de la requête, soit en demande, soit en défense, vaudra constitution et

élection de domicile chez lui ; c'est donc chez l'avocat que devront être signifiées toutes les pièces et défenses de la partie adverse.

Les parties seront tenues de présenter les défenses dans le délai de 15 jours, si elles demeurent à Paris ou à cinq myriamètres au plus ; dans le mois, si elles demeurent à une distance plus éloignée, dans le ressort de la cour d'appel de Paris, ou dans l'un des ressorts des cours d'appel d'Orléans, Rouen, Amiens, Douai, Nanci, Metz, Dijon et Bourges. Dans deux mois pour les ressorts des autres cours d'appel en France.

Ces délais commenceront à courir du jour de la signification de la requête, à personne ou domicile par huissier.

Les juges pourront cependant abréger les délais dans les matières urgentes.

L'art. 29 de l'ordonnance du 11 juin, dit qu'à l'expiration de délais ci-dessus, il sera passé outre au rapport.

Il ne pourra jamais être fourni plus de deux requêtes de chaque côté. Le demandeur, dans la quinzaine des défenses fournies, peut donner une seconde requête, à laquelle peut répondre le défendeur, aussi dans la quinzaine.

Les mémoires fournis sont imprimés aux frais des parties.

Toutes les écritures que signeront les avocats, seront sur papier timbré. Les pièces produites par les parties ne seront point sujettes au droit de l'enregistrement, à l'exception des exploits d'huissiers, pour chacun desquels il sera perçu un droit d'un franc. Il ne faut pas dispenser de l'enregistrement des pièces qui par leur nature y sont soumises.

Toutes défenses et productions sont déposées au secrétariat, où se trouvent un secrétaire, maître des requêtes, et un greffier.

Ces pièces sont enregistrées, et le greffier tient l'avocat au courant de l'instruction et de la procédure.

Il est permis au conseil d'état de retrancher ce qu'il y aurait d'injurieux dans les mémoires, et même de les annuler en entier. Le même pouvoir est accordé aux autres tribunaux. (Ordonnance du 14 juillet 1819.)

Communication au ministère public.

Le ministère public est chargé de surveiller les intérêts généraux de la société. Il serait bon qu'il eût un siége dans d'autres tribunaux que ceux où il est admis.

Il n'en existe ni devant le ministère, ni devant le préfet, et pas même devant le conseil de préfecture.

Il existe un ministère public devant le conseil d'état. Lisons différentes ordonnances qui vont nous fixer :

Ordonnance du 12 mars 1831, art. 2. « Au commencement de chaque trimestre, notre ministre, président du conseil d'état, désignera trois maîtres des requêtes, qui exerceront les fonctions du ministère public. Dans chaque affaire l'un d'eux devra être entendu. »

Du 18 septembre 1839, art. 28. « Trois maîtres des requêtes en service ordinaire, sont désignés tous les six mois, pour remplir les fonctions de commissaire du roi, dans les affaires contentieuses. Ils assistent aux séances du comité du contentieux.

Du 17 juillet 1845, art 20. « Trois maîtres des requêtes, désignés chaque année par le garde des sceaux, remplissent les fonctions de commissaires du roi. »

On craint, en nommant un procureur général devant le conseil d'état, de donner une trop grande force judiciaire à un tribunal administratif. Aussi a-t-on toujours reculé. Il n'y a point de parquet proprement dit.

Des délibérés et instructions par écrit.

L'instruction par écrit est la véritable instruction en matière administrative. Sa nécessité se fait sentir autant en appel qu'en première instance.

La loi du 19 juillet 1845, art. 18, dit : « Indépendamment des comités établis en vertu de l'art. 13 (1), un comité spécial est chargé de

(1) Comités correspondant aux divers ministères.

diriger l'instruction écrite et de préparer le rapport de toutes les affaires contentieuses. Ce comité est présidé par le vice-président du conseil d'état. Il est composé de cinq conseillers d'état, en service ordinaire, y compris le vice-président, et nombre de maîtres de requêtes et d'auditeurs, déterminés par l'ordonnance royale, rendue en exécution de l'art. 13 (1). Les questions posées par le rapport seront communiquées aux avocats des parties, avant la séance publique. »

Autrefois ce comité pouvait rejeter les affaires qui lui paraissaient non contentieuses ; mais pour pouvoir rejeter, il faut avoir le droit de juger, et le comité ne fait que préparer l'instruction. Ce comité présente souvent de grands inconvénients, car il ne se borne pas toujours à la simple préparation, il donne quelquefois son avis, ce qui peut influer sur les décisions du tribunal.

(1) Six maîtres de requêtes et douze auditeurs.

Vu par le président de la Thèse ,
CHAUVEAU ADOLPHE.

Toulouse, Imprimerie de Vᵉ DIEULAFOY, rue des Chapeliers 13.

www.ingramcontent.com/pod-product-compliance
Lightning Source LLC
Chambersburg PA
CBHW070750210326
41520CB00016B/4652